O

PENÚLTIMO

DITADOR!

JEREMIAS F. TORRES

<u>**INTRODUÇÃO**</u>

<u>**OS FILMES SE REPETEM**</u>

Quando do meu período escolar, recordo de alguns conhecidos, alguns amigos também, que posteriormente, trar-me-iam grande lição e grande explicação para alguns "mistérios" da vida, que o futuro me reservava e agora eu tenho o desprazer de vivenciar!

Que aprendizados seriam esses?!

Principalmente no que diz respeito a autoafirmação, respeito e amor próprio e via de regra, forçosamente compreendi: que certas pessoas, não podem de maneira nenhuma possuir qualquer coisa que os tornem superior ao seu semelhante ou que o faça adquirir essa espécie de visão da vida!

Voltando aos meus conhecidos à época, um deles era chamado "carinhosamente" de "Xodó!" E o outro... "Osso!"

Seus apelidos, formulados nas mentes irrequietas de outros inconsequentes adolescentes, tinham sido criados, devido a condição de vida de um e da compleição física do outro... era muita criatividade!

O "Xodó", assim fora apelidado porque seu pai possuía uma "casa do Norte" e tiveram a brilhante ideia, mesmo sendo natural da capital, a associá-lo a produtos daquele Estado. Quanto ao outro, muito magro e aparentemente frágil, quiseram chama-lo daquilo: "Osso!" Com o tempo acostumaram e resignados, nem mais retrucavam quando lhe chamavam quanto no início!

Valter, o "Xodó", crescera e se tornara um "valoroso" Policial Militar, coincidentemente o Edilson, o "Osso" também.

Há alguns anos atrás encontrei um deles, quando estava ingressando na Corporação Policial Militar, enquanto o outro ouvir também dizer que já respondia diversos processos por agressão, tentativa de homicídio, ameaça, etc., isso, o legado do "Xodó!"

Em rápidas palavras o que quero dizer é que, determinados indivíduos não conseguem superar certas contrariedades de que acham foram vítimas na infância, e logo após seu crescimento e desde que tomam conhecimento que são, digamos assim, homens feitos, se tornam muitas vezes, grandes ou pequenos tirano. Como queiram.

Os meus conhecidos me lembram muito o atual governador, em suas atitudes, em seu comportamento e em suas diretrizes, muito pior que os outros dois, esse, como dizia um antigo "inimigo", empinava "pipa" no ventilador da sala de estar. Ou seja, morador de grande residência, não podendo se misturar com a "ralé", observava o mundo do alto de sua reclusão e desejoso de participar de tudo aquilo, tornara-se um sujeito rancoroso, medíocre, frustrado, e, creio ainda que todas as vezes, que deve ter tentado uma espécie de aproximação com os meninos e meninas do bairro, deve ter sido imediatamente descartado, devido sua aparência doentia, fraca. Carente de força para enfrentar as intempéries, que fazem parte da infância de qualquer um e contribuem sobremaneira para a formação do caráter do homem!

"Xodó", o falecido "Osso" e João Dória, devem ter frequentado a mesma escola no que diz respeito a frustração e ódio, pois, bastou-lhes sentir o gosto do poder e o desejo de vingança e um anseio exasperado de retaliação lhes dominou a alma. Porém, ao contrário dos outros dois, Dória, se homiziando nos estudos, condição diferenciada proporcionada por seus pais, parentes importantes, etc., conseguiu algo mais elevado no meio político. Cargos de grande, imensa relevância no cenário, porém, dada a sua incompetência e mediocridade, tornara-se nada, perto de sua incapacidade pessoal. É assim. Às vezes, um pequeno cargo, o de lixeiro por exemplo, acaba sendo valorizado, pela ótima atuação do homem que se lhe enaltece, por ser nobre em suas atribuições, a cumprir com rigor e amor seu labor... ao contrário, muitos cargos importantíssimos, tornam-se irrelevantes, devido ao péssimo caráter daqueles que por algum período, lhe ocupam. O indivíduo pode ocupar um grande cargo e não passar de sujeito medíocre, portanto, estando aquém do usufruto e ocupação da função, pode ser presidente, governador, prefeito, deputado federal e estadual, etc.,

Sendo assim, um indivíduo sem nenhum predicado em especial, ocupa lá o cargo de governador, por exemplo, de um grande Estado, mas, no fundo ele sabe, que não faz jus a ocupar tão importante posição, pois, por seu caráter e foro íntimo, deve reconhecer que não deveria e não mereceria sentar em tal cadeira!

Traumatizado, sei lá, todos os seus atos, consistiram a todo momento a provar para si mesmo que pode mais, que é melhor, que é diferente e que ninguém ouse se meter consigo, senão as consequências serão terríveis!

A essas figuras emblemáticas, resta ainda de um ou outro mais próximo, de alguma forma, tem-lhe alguma simpatia, que dia menos dia, ele possa despertar e entender que a coisa mais maravilhosa que um homem ou uma mulher podem fazer para agradar ao Universo e agradecer pela vida e pela existência, é simplesmente minorar o sofrimento de seu semelhante, enquanto ainda é possível caminhar com saúde!

CAPÍTULO I

A FALTA DE EXPERIÊNCIA JUSTIFICA A INCOMPETÊNCIA!

Não a falta de piedade e de clemencia!

Porém, antes de condenar unilateralmente um indivíduo, é preciso conhecer a extensão da influência que seus pais tiveram sobre sua educação. Isso porque, existem indivíduos que mesmo tendo péssimos país, se tornam bons sujeitos e àqueles que possuem ótimos pais e se tornam mesmo, "foras da lei!" Mas tanto num caso, quanto no outro, mesmo para outros, que não seguiram à risca a cartilha de seus pais, por sua própria natureza, seguiram seus próprios caminhos, tanto para o bem, quanto para o mal!

No caso desse figura emblemática, logicamente, aconteceu algo sui generis: péssimo caráter com uma péssima criação, deu nessa personalidade, cheia de recalque, cheio de maldade, tão somente preocupado em prejudicar um segmento da sociedade, denominada Servidores Públicos, pois, oriundo na inciativa privada, daí sua auto denominação "gestor", tem o que ele julga de total gestão em suas mãos, para demitir funcionários ao seu bem prazer. Ora, obrigado a esbarrar na Constituição Federal, Estadual, Código Civil, etc., para poder negociar a demissão dos Funcionários, que possuem estabilidade de emprego, aliás, única prerrogativa, que incentivou homens e mulheres a optarem pelo Serviço Público, já que o salário, já não compensa mais, então, todo o seu ódio e seu recalque, despeja sobre esses trabalhadores, fazendo de tudo para prejudica-los! E infelizmente o conseguindo, porque, presentemente detém a caneta!

Em sua estreiteza mental e sua pequenez de pensamento, acredita ele, que o cargo que se lhe chegou às mãos, depois, de ter se "ajuntado" a outrem, que à época (outrem), possuía alguma credibilidade, e sendo assim, tem plena certeza que é o merecedor de todas as benesses do Estado, sonhando quando chegará a usufruir das regalias proporcionadas ao ocupante do cargo de Presidente. Sujeito assim, não tem limite, não valoriza ninguém, não respeita ninguém, não admite ser contestado, orientado, desmentido, etc., somente desejando, ser invejado!

Uma das tantas perguntas que se faz a respeito desse comportamento "típico" (dos ditadores), é: "esse homem (ou quase) não pensa no dia de amanhã!" E a resposta é inevitável: "não! Ele não pensa!"

Tudo que lhe importa é o momento presente! Negligencia o passado, descrer no futuro e se esbalda em sua realidade atual!

Na verdade, ele não sabe, mas a pior coisa que pode acontecer a uma pessoa assim é ter justamente o que ele tem: poder, riqueza, influência e saúde perfeita, etc., tudo isso será somado a sua conta que terá que pagar dia menos dia! Ora, se ele de alguma forma pensasse sobre essas coisas, já não seria quem é: avesso a todos os problemas sociais que deveriam sim, lhe dizer respeito! Por isso, está aquém do cargo atualmente ocupa. Outros, medíocres, contiveram-se dentro de seu "universo minúsculo" e desempenharam seus ridículos Mandatos à parte. Não é seu caso. Ele gosta de humilhar, tem prazer em prometer depois desmandar, adora ofender, gosta de provar que pode submeter e cercear liberdades, etc.

Houve no Brasil, um outro ditador, o qual evito comentar seu nome, para evitar o despertar de "antigas paixões", cujas botas, João Dória Jr., seria indigno de limpar! E isso é lastimável!

A verdade talvez seja mais ou menos assim: uma pessoa de nobres princípios, mesmo tendo nascido em "berço de ouro", como costuma se dizer, apesar de possuir uma educação diferenciada, não ter sofrido as agruras da pobreza, não ter precisado acordar às 04:00 horas, 05:00, da madrugada para encarar o "batente", ter levado marmita com ovo, tomado trem lotado, ônibus, metrô, etc., apesar de não ter passado nada disso, tem uma grande possibilidade, quando investido de algum poder peculiar advindo de sua família ou alçado a um cargo público de grande relevância, sempre vai conservar traços de alguma "humanidade" em seu foro íntimo e não rotineiramente, mas, esporadicamente vai lá se lembrar daqueles menos favorecidos e ofertar algo para lhe minorar as desditas: uma grande doação a instituições, é claro, ou a aprovação de algum projeto de Lei, favorecedor da plebe!

Ao contrário, o mau caráter, nascido na pobreza nunca será homem de bem e se for milionário vai ser um "João" da vida!

CAPÍTULO II

O QUE É UM DITADOR?!

Independentemente de sua origem ao que tudo indica, um ditador, é sim, um ser muito estranho! Claro, acima de tudo...

Ao que parece, não importando sua origem, local de nascimento, etc., existem alguns pontos característicos marcantes, deixando óbvio o que vem a ser, semelhante criatura!

Não é o meio que faz os ditadores, eles já vem assim, desde o nascimento!

E tem mais. Ninguém sabe realmente aquilo que é, até "tomar para si", pelo destino, talvez, uma grande fortuna ou um grande poder. Pode ser que os seres mais dedicados, mais cordatos, mais simples, aparentemente humildes, repentinamente, podem se transformar em verdadeiros monstros. Talvez seja esse o caso do atual ocupante lá "daquela cadeira!" Nesse caso, não! Não é a cadeira do Planalto e sim dos Bandeirantes!

O ditador nato, tem sim, problema de autoafirmação. Ele precisa mandar não importando e não sinceramente avaliando, o quanto vai ser odiado. Isolado, num quarto, restando, por exemplo, só ele e uma cadeira, instintivamente já passa a tentar submeter a "pobre" cadeira". Mas, no fundo, não passa de covarde dependentes quase que irrestritamente do semelhante. Sem poderes e sem riqueza, seria o último dos serviçais, quiçá até humilhado pelos demais, mas, como é ele quem manda... todos terão o desprazer de o conhecer ou ter passado por sua vida!

No Ano de 37 d.C., mais precisamente, no dia 15 de dezembro, nascia uma das figuras bastante "complexas", emblemática até, se assim se pode expressar, para "colorir" ainda mais a história romana e em contrapartida, fazer parte das narrativas do mundo. Me refiro a **NERO** CLAUDIO AUGUSTO GERMÂNICO, ou simplesmente NERO. Tão controvertido quanto, somente seu irmão CAIO JÚLIO CESAR GERMÂNICO, o famoso Calígula.

Numa determinada época quando da celebração dos jogos romanos, inexplicavelmente, Nero, do nada, justamente ele, afeito a "guloseimas", vida fácil e tranquilidade só, disse, ou melhor, determinou que iria participar de uma das competições e gostaria de saber se alguém tinha alguma objeção quanto a isso?! Como ninguém se manifestou, escolheu a prova atlética e se inscreveu!

A compleição física do NERO, era daquelas pessoas não simpatizantes de qualquer prática esportiva. Segundo os anais históricos, estava muito acima do peso e na verdade, nada praticava, a não ser o que considerava um "esporte", cortar pedaços seus inimigos e arremessar nos tanques de moreias, que criava lá em sua mansão, dentre as vítimas, destaca-se sua mãe, que também fez parte do cardápio de seus "peixinhos" de estimação!

Por fim, chegado o grande dia da competição (grande dia para ele), inscrito na prova dos CEM METROS RASOS, anunciada a largada, partiu NERO, com suas pelancas balançando, arrastando seu corpanzil desengonçado pista afora. Foi uma "vitória" de ponta a ponta. Afinal, qual seria o atleta que ousaria ultrapassar aquela "balofa" criatura?!

Na verdade, os atletas sabiam que aquela prova já estava perdida, mas, que escolha? Vencer a prova e perder a vida à maneira das mortes ocorridas nos "circos romanos?!" Acho que não...

Descrevi essa passagem, porque analisando o comportamento do Excelentíssimo, de outros ditadores, do Nero e do seu irmão Calígula, observa-se determinados traços em comum em suas personalidades: o ego, a perversidade, o desprezo para com o semelhante e satisfação total dos desejos pessoais, sob quaisquer circunstâncias!

Após João Dória Júnior, haver propagado aos quatro cantos do mundo que daria um aumento substancial para todas as polícias em geral, teve a "cara de pau", de anunciar 5% de reajuste e não admitindo sob nenhuma hipótese ser contrariado. Comportamento típico daqueles que exigem ditar as regras, manipular leis e resultados, ainda que milhares de pessoas sejam prejudicadas.

Não contente, enviou Projeto de Lei, sob regime de urgência à Assembleia Legislativa do Estado de São Paulo, para aumentar o Desconto Previdenciário de todos os Servidores Públicos, estes, por ele, escolhidos para serem à "bola da vez", assim como Nero procurou culpar os Cristãos, quando ateou fogo (ou melhor, mandou seus escravos fazerem isso, pois covarde e medroso como era, preferia atuar nas sombra) nos celeiros de grãos romanos, simplesmente para mandar apagar o incêndio e passar para herói no País. Não deu muito certo, não teve jeito, passou a ser conhecido por aquilo que sempre fora e sempre seria: um insignificante ser que ocupara um cargo tão poderoso na velha Roma. Imagino quantas pessoas poderia ter ajudado. Quanta doença poderia ter evitado se disponibilizasse os tesouros do país para pagar médicos e comprar medicamento!

Dória é exatamente isso. Aproveitando-se de uma devastadores Pandemia, que modificará a história da humanidade, está preocupado simplesmente, com a "colocação exata das palavras", já pensando numa futura candidatura à presidência do Brasil em 2022. Resta saber se o Brasil vai lhe permitir essa possibilidade!

CAPÍTULO III

PIADAS SEM GRAÇA, POR ELE, ENTRETANTO, FAZEM SENTIDO!

Um velho amigo, que já "partira" costumava contar o que conhecíamos, e ele sabia disso, por piadas infames, isto é, sem graça, mas que adorávamos. Pelo menos à época!

Dentre as piadas que contava meu amigo, tinha uma, que de tão forçada, eu achava ridícula! Mas para não perder o amigo... deixava ele contar!

Dizia ele que num "hospício", como conhecíamos então, o que hoje seria uma clínica de reabilitação mental, dois malucos, ou seja, dois homens limitados intelectualmente, confabulavam. Um deles, falou para o outro: "eu sou Napoleão!" O outro, inconformado, retrucou: "quem foi que disse?!" O outro respondeu: "foi Deus!" No entanto, um outro que se encontrava mais afastado foi logo gritando: "eu não falei nada!" Era maior que todos os outros, se auto intitulava Deus!

Pode parecer e acredito mesmo que seja, uma piada forçada, mas, por mais ridícula que pareça, tem muito desse moço, que costuma se auto intitular, (1) gestor! Gostaria mesmo de saber, quem que lhe fez acreditar nisso!

Mas, creio também, que narcisista como é, pode mesmo, após ter se olhado no espelho, se sentir a figura mais importante na Face da Terra e embora tenha administrado lá as empresas do seu papai, sob a proteção do mesmo, finalmente, emocionado, concluiu: como eu sou bom! Como sou especial! Etc., E assim por diante! Não encontrando ninguém, para colocar freios as suas divagações egocêntricas, finalmente se transformou nisso aí, como todo mundo sabe e vê! Mas, por algum motivo inexplicável, insiste em propagar que está acima do bem e do mal!

Se a experiência de vida, não é suficiente para servir de orientadora dos fatos futuros e exibidora dos erros passados, para reorientar o momento presente, há alguns, que sim, de fato, usam a experiência para ser suas demonstradoras real do que estará por vir e acabam aprendendo a se controlar, a tentarem ser o menos pior possível, se percebem que não conseguem ser muito melhores!

Mas na verdade, existem indivíduos que precisam passar por mais experiências, por outras tantas falências até finalmente, chegarem a compreender e entender o seu real tamanho!

(1) - O que é ser gestor?

Gestor é uma palavra utilizada para designar aquele que é responsável por administrar e coordenar as atividades de sua área. Trata-se de um termo comum no mundo corporativo e administrativo. Normalmente, os cargos de gestão exigem que o profissional possua um bom conhecimento dos requisitos técnicos de cada processo. Isso porque, além de ser o responsável pela liderança e organização dos processos, é preciso que ele **compreenda quais as melhores formas de trabalhar**.

.

CAPÍTULO IV

<u>SENHOR JOÃO, PRESTE ATENÇÃO!</u>

Nenhum membro da sociedade, nenhum representante da população, seja da iniciativa privada, do Serviço Público, ambulante, exige ou quer do seu governante, perfeição! Não!

Porém, não precisa ser ***tirano***...

Todos os seus atos e suas vontades, obedecem pura e simplesmente, os ditames de foro íntimo, em consonância com sua escolha, de acordo com seus princípios e sempre visando seu bem estar pessoal!

Sendo assim, não adianta tentar suavizar a voz, tentar passar ao semelhante, a impressão que é justo, digno, afável, se cada um dos seus atos, cada uma de suas atitudes, contrariam totalmente, todas as suas dóceis fingidas palavras!

Ora, o povo em geral, nem deseja que seu presidente, prefeito ou governador, sejam exemplos de honestidade, dignidade e amor ao próximo. Porém, não acha justo, que preguem para todos os cantos, que todos devem dar sua cota de sacrifício, cortar benefício e no entanto, alguns milhões, frutos de obscuras negociações, "caiam" rotineiramente, em sua conta bancária!

O pior de tudo é que nem é possível pedir para "colocar a mão na consciência!" Ou seja, pedir para refletir um pouco sobre sua gestão, sobre seu comportamento, sobre sua vida, porque, ao que tudo indica, há um obstáculo muito grande que inexplicavelmente, o distancia da realidade, tornando-o uma pessoa, alheia a realidade e a verdade! Somente obedecendo suas vontades, eivadas de preconceito e ódio!

Nada o sensibiliza, somente promessa de poder!

Sr. João, é preciso entender que: o dinheiro não é tudo! O poder não pode transformar o caráter de um homem, isso já vem de berço! E se o destino de um indivíduo é tiranizar, este, vai ter que arcar com as consequências e tem que entender, que um dia, quando menos esperar, vai chegar a "fatura" para pagar!

No fundo, Senhor, eu lastimo sua posição, embora saiba de antemão, devido ao amor que possui as honrarias e ao poder, tende muito a crescer, sua ganância, seu desejo desenfreado de ter...

Lamento, é só o que posso dizer...

Quem não tende a obedecer, respeitar e compreender... um dia, vai "pagar para ver!"

Simplesmente, coloca seus desejos acima de tudo! O que isso quer dizer?

Quer dizer, que embora imagine ser um democrata, a verdade é que não deixar de ser tirano, teocrata, ditador, é o que deixa claro!

No antigo sentido pejorativo da frase: "pão e diversão", nem sequer cabe atualmente, para descrever seus atos, porque nem isso, consegue proporcionar para a população!

CAPÍTULO V

A "PEQUENÊS" DE UM HOMEM DIMINUI A IMPORTÂNCIA DE UM CARGO!

Se um cargo de Governador, em si, já é importante em qualquer parte do Brasil, sem desmerecer nenhum outro Estado, ser Governador de São Paulo, é ser dirigente de uma das maiores capitais do mundo, o carro chefe da Nação e ser basicamente o "epicentro" de tudo que acontece e ocorre em outros países, através das manifestações que acontecem no imenso Estado!

Há algum tempo atrás, ele, nem gostaria que a data fosse bastante clara e nem faria sentido, um (1) "sábio" narrava as palavras de um "mestre" que orientava um vestibulando sobre sua vocação: "mestre, aconselha-me uma vocação adequada?!" Perguntou o moço. Respondeu, então o mestre: "alguns homens ganham o sustento com o poder de sua mente. Outros necessitam utilizar suas costas e mãos. Assim é na Natureza como entre os homens. Alguns animais, como os coelhos, os cavalos e os elefantes, adquirem seu alimento, mais facilmente. Outros, como as garças, as toupeiras e as formigas, necessitam lutar para consegui-lo. Podeis', continuou, 'podeis ver, 'pois, que a vocação deve adaptar-se ao indivíduo! "

Triste, o moço, retrucou: "mas, mestre, não tenho nem ambições nem talento nem habilidades..."

E o mestre, respondeu: "já pensaste em ser corretor da Bolsa de Valores?!"

Parece que até posso ouvir, o "mestre" orientando João Dória: "não tens vocação, talento, vai ser político, vai ser governador de São Paulo! É fácil vencer (as eleições) é só prometer, prometer e prometer e nada, absolutamente nada, fazer!"

Sendo assim, ainda de uma certa forma, se baseando nessa premissa satirizada, diz muito do que vem a ser o cargo do Governo de São Paulo atualmente, ocupado por um indivíduo que de política entende tanto o Pelé entendia de música quando tentara ser cantor! Um cargo tão nobre, desqualificado por um homem, moralmente, abaixo do que se espera de um governante!

Isso, leva-se a acreditar que o menor posto que um indivíduo ocupar sobre a Face da Terra, pode sim, ser sacramentado por um comportamento verdadeiro nobre de seu ocupante!

Pode-se ter então a valorização de um cargo de faxineiro, pela dignidade de um homem ou mulher que limpa o chão, mais, por sua postura, fica mesmo bonito, sua dedicação a função!

Ao contrário, vê-se um quanto é feio, medíocre, quando cargos tão nobres são ocupados por pessoas que por seus atos, a cada momento, parecem querer demonstrar que não estão à altura da nomeação. Isso vale para prefeito, para o controverso Presidente e é claro, para o "rei" das falsas afirmações, o senhor que ocupa a cadeira de Governador de São Paulo.

No Brasil, não é difícil elencar, a quantidade de péssimos políticos que ocuparam posições de destaque, destituídos de nobres qualidades. Muitos ainda estão lá, se reelegeram e outros tantos ainda ficarão, mas, pessoas do quilate desse senhor, não tem como permanecer por muito tempo. Ele chega a ser rechaçado, dada a sua arrogância, até mesmo por seus pares!

Acredito que a maioria dos políticos, sinceramente falando, apesar de desonestos, não são necessariamente maus. Nessa regra, há exceção, é claro. Mas, João Dória Jr., parece ser "a carta fora do baralho". É cruel sim, impiedoso até, nesse quesito, compara-se a ditador do quilate de Joseph Stalin. Que durante o dia, em seu palácio, escolhia inimigos, amigos mesmo, listava, conferia religiosamente, um por um em seu relatório, para despachar todo dia, um novo grupo, para quebrar gelo na "Sibéria!" Depois, ao término "dessa árdua missão", descansava em seu confortável sofá de couro estrategicamente colocado em seu gabinete.

Após, findo o expediente, se dirigia tranquilamente para sua residência, onde sem problemas de consciência, como um chefe de família comum, dado ao trabalho, ia brincar com sua filhinha. Virava um verdadeiro "paizão". Rolando no chão como uma criança, depois de ter despachado, sem dó nem piedade, outros chefes e mães de família para as masmorras!

Não tenho a menor dúvida, que João Dória, é sim, leitor da mesma cartilha é adepto dos mesmos métodos e gestor sim, de semelhantes "virtudes", ou seja: adora ver o mal do semelhante!

Se de alguma maneira, gerisse algo em prol da sociedade, não tinha prometido dar um aumento de 100% às forças policiais, despois, negar, como se nada tivesse dito. Se faz de desentendido. Esse fato se dá, devido a falta de amor próprio dessas mesmas tropas, do contrário, exigiriam que fizesse ponto a ponto, tudo que prometera e não cumprira.

(1) – Albran Khelog Albran – do Livro "O Proleta!" sátira de "O Profeta!" de Gilbran Khalil Gilbran.

CAPÍTULO VI

MISSÃO DO HOMEM MAU NA TERRA!

Nada de ruim poderia partir daquilo que é bom!

Nada de mau poderia surgir Daquele que é todo perfeição!

No entanto, pela própria questão do livre arbítrio, que consiste no homem ter que exercitar sua liberdade ao máximo, o Poder Maior lhe outorga a oportunidade de agir em pleno acordo com seu desejo e bastante alinhado com sua consciência, seja prática do que é certo, seja, para praticar o que não convém!

Acredito que a grande maioria dos seres humanos no Mundo, anseiam fazer algo de bom, mas, às vezes, como que são arrastados as realizações não muito dignas. Conduzidos, como que forçosamente impulsionados às coisas insanas, que o arrependimento que surge após, causa muito, muito constrangimento!

O homem mau, não tem a missão específica de praticá-lo, mas, o seu caráter e suas atitudes, são o suficiente para leva-lo a esse caminho que acredita ser o único a percorrer, para futuramente descobrir (às vezes), que muito vai ter que refazer (desse caminho) para tão somente se tornar um homem de bem e este, por sua vez, para alçar uma melhor condição psíquica, necessita sim, ser testado também, por outros homens maus até concluir, estar firme em seus propósitos.

No final, aqueles que anseiam subirem moralmente, terão que se deparar com três grandes obstáculos ao longo da vida: primeiro grande obstáculo, ele próprio, segundo, a vida em si e suas peripécias e terceiro, o homem mau, que está em todas as instâncias sociais, testando sua paciência, submetendo sua vontade e tentando fazê-lo sair do caminho reto, etc.

A solidariedade sim, deveria nortear todos os passos dos homens e das mulheres, não a covardia, a maldade, o egoísmo e a rebeldia! Um dirigente, um chefe, um governador, não precisariam ser cruéis, inescrupulosos, indiferentes, mentirosos! Mas, desde que o são assim, inconscientemente, servirão a um propósito maior, que consiste na "educação" de outros tantos que desejam se tornar melhores!

O poder, a fama, o dinheiro, quando vão ter nas mãos de alguém, não é porque essa pessoa, seja melhor que qualquer um, não! Pena que, a estreiteza da visão mundana, as regalias ofertadas àquele que possui algum capital e é detentor de algum poder, leva um ou outro crerem, que são muito melhores que seus semelhantes!

Nunca tive dúvida quanto a isso, pois, ao longo da minha vida, conheci seres macabros, detentores de poder e de dinheiro, cujo comportamento e atitudes colocariam "no chinelo" muitas pessoas da "comunidade". E devido ao mundo ter se baseado somente nisso, valorizar aquilo que se tem, em prejuízo daquilo que se é, que tantas coisas ruins tem acontecido e tantas outras mais acontecerão!

Então, diante disso tudo, podemos concluir que esse moço que aí está, tem como "missão" primordial em sua vida, transformar nossas vidas, em um verdadeiro pesadelo, por pouco tempo, é verdade, mas o fará! Não tem essa função sua existência, mas, por falta de competência, escolheu testar a força e a paciência dos servidores públicos, já bastante discriminados!

Mas, por que age assim com tanto ódio?!

Desde o dia que o "pai" dele colocou em sua cabeça que era gestor, mesmo que fizesse tudo errado em suas empresas particulares, ele passou a acreditar, ter poderes excepcionais. Porque afinal de contas, na iniciativa privada, o patrão, seja bom ou seja mau, tem que ser reverenciado, qualquer olhar atravessado para si... "está demitido!" E ele se acostumou a isso! Gerir o pagamento dos piores salários, humilhar seus empregados, prometer e não cumprir, etc.

Uma coisa é administrar uma empresa privada, com suas burocracias internas, contabilidade rotineira, RH diverso e admissão e demissão conforme as intenções e decisões da alta cúpula determinar!

Conduzido, sabemos muito bem por quais subterfúgios a cargos públicos, intitulando-se o que já estamos cansados de ouvir, na sua ignorância, acredita poder comandar e dar certo da mesma forma e maneira, à "maquina pública!"

Vendo-se de alguma forma, obrigado a seguir certas diretrizes e encontrando alguma dificuldade para demitir Funcionário Público como gostaria, passou a vociferar aos quatro cantos, toda a educação que recebeu dos seus genitores. Ora, chamando Servidores Públicos Aposentados, de vagabundos, ora mandando a Tropa de Choque, "baixar o cassetete" em senhores, senhoras, que nada mais desejariam que ter os seus direitos respeitados e resguardados. Mas, ele desconhece direitos para respeitar e dever não lhe compete cumprir. Afinal seu pai, deve ter lhe dito: "meu filho você pode tudo!" Mas, não deve ter complementado: "só que depois, você sofrerá as consequências!"

Passados as "ondas" do poder e da fama, nem todos tem a chance, por exemplo, de um JOSÉ SARNEY, que embora, tenha sido um péssimo presidente, ainda goza do privilégio do alto dos seus 90 anos, um senhor de idade avançada, comemorar junto aos seus filhos e parentes, tantos anos de uma vida não plenamente digna e NÃO voltada para o bem do semelhante! Outros, tendo aprontado coisas parecidas, morrem antes!

Depois, João, não vai adiantar "pagar" de bom ancião, pois, seu passado, muitos jogarão na sua cara, como um bofetão!

CAPÍTULO VII

CORPO SEM ALMA!

Não sei se você sabe, mas, há algum tempo atrás, uns cientistas russos, que com certeza, gastaram seu tempo precioso analisando, sabe-se lá quanto tempo perderam, "pesando" cadáveres! Tinham, ainda segundo eles, sentido experimental a "coisa!"

Que fizeram?

Pegaram diversos indivíduos já próximos de morrer, moribundos, internados e pesaram-nos pouco antes do falecimento e depois, logo em seguida ao evento (morte).

E, conclusão?!

Constataram em sua esmagadora maioria, que os cadáveres que pesaram logo após a morte, haviam perdido pouco de seu peso inicial, sem que uma explicação lógica e racional, pudesse explicar o fenômeno!

Daí, concluíram eles, que havia "alguma coisa antes" que desaparecera ou se ausentara depois, ou deixara o corpo frio, após a constatação mortal, literalmente!

No caso em questão, usando dessa mesma realidade que os cientistas usaram para constatar a ausência de "algo" que ficou subentendido como sendo a alma, existem, no entanto, alguns seres humanos, que apesar de vivos, devem possuir o mesmo peso daqueles mortos, dada a ausência de qualquer sensibilidade!

Sendo assim, algo estranho acontece comigo, quando escuto o pronunciamento, por exemplo, desse moço, que ocupa o cargo de governador do Estado de São Paulo... Sim, tenho a impressão que se trata de um "corpo vazio" balbuciando palavras, como se estivesse "ligado no automático" e que se alguém, "tirá-lo da tomada", para imediatamente de falar, de funcionar! Uma espécie de androide, ou um corpo falante, sem alma!

Seu olhar vazio e distante, lembram mesmo os do Urso pardo, observando as paisagens em torno, sem sentir absolutamente nada por ela ou do leão que caça, antes de se arremessar contra as presas indefesas. Em resumo? Seus olhos, não expressam sentimento, amor, compaixão, etc., igualzinho aos olhares dos predadores mencionados! Essa teoria é corroborada, quando o mesmo, faz promessas olhando nos olhos de qualquer interlocutor, jurando e logo em seguida, "desdiz tudo que fora dito antes, por si!" Mais, que um simples corpo sem alma, acredito ser um "fenômeno" a ser analisado, pela medicina, justamente pelo fato, dessa nobre Ciência, ainda não ter elencado em seu rol de alucinados, alguém com semelhante perfil!

A única coisa, no entanto, que deixa transparecer que ainda pode ser humano, é justamente o fato, de possuir algo, que todo ditador é exímio detentor: covardia!

Portanto, "glória!" ainda resta alguma esperança para ele, amparado naquele ótimo dito, advindo dos anais da filosofia (popularesca): "quem tem... tem medo!"

Bastante uma ameaça contra sua tão "especialíssima" vida, que de pronto já acionara, todos os canais competentes para encontrar aquele, aquela, aqueles, aquelas, que ousaram falar, que iriam lhe fazer mal...

Nesse momento a única figura que me vem a mente, para fazer uma comparação e um arcaico paralelo é a do filho, atrás da mamãe, berrando como um "cabritoi" desmamado, gritando: "mamãeeee, eles querem me fazer mal! Não deixa mamãe!"

Passado o susto, volta a ser o que realmente é: um sujeito desalmado, que não se importa com ninguém, a não ser com o seu próprio ego e alcançar o posto máximo na hierarquia política, como se a única coisa que um homem, pode conseguir na vida para ser feliz é fama e poder...

.   *CAPÍTULO VIII*

DECAPTAÇÃO POR MEIO DE ESPADA!

Assisti inúmeros filmes que mostravam o processo de decapitação, via guilhotina, como método rápido e infalível!

Uma falácia, já que segundo o próprio Vitor Hugo, o descreveu em seu livro: "Último Dia de Um Condenado a Morte!" Não eram raras as decapitações, assim, não se poderia perder tempo afiando lâmina. Imaginava-se ser amolada o suficiente. Ocorre que, após umas duas ou três vezes de seu "péssimo" uso e submetida ainda as intempéries do tempo e dos elementos, ficava basicamente cega! O que gerava grande transtorno!

Não obstante a distância que separava o pescoço do infeliz da terrível lâmina, fosse relativamente grande, o impacto não era o suficiente, para realizar o obscurantíssimo fim, a contento e deixava falhas...

Ou seja, a lâmina naquelas condições descritas, não atingindo seu objetivo, apenas cortava parte do pescoço do infeliz, deixando-o atordoado, ensanguentado, etc., era nesse momento que eram obrigados a usarem o "plano B". Decapitação pela espada, para abreviar o sofrimento daqueles seres de pouca sorte!

Por ocasião dessa globalização o que ocorre do outro lado do mundo, é instantaneamente mostrado em toda Terra, através do compartilhamento nas Redes Sociais. Sendo assim, sabe-se perfeitamente, que tanto no

Oriente Médio, quanto em alguns Países da Ásia, esse costume, de decapitação pela espada, ainda é bastante utilizado. Extremamente violento, lá... Porém, aqui, faria algum sucesso, tem muita gente necessitando passar por essa experiência inesquecível...

Deputados, Senadores, Vereadores, Governadores, Prefeitos, etc.,

Se hipoteticamente, tal "hábito" começasse a valer aqui no Brasil, seria preciso um especialista no assunto para trabalhar bem certas lâminas e deixá-las "perfeitas" dar o golpe fatal e brutal, sem contratempo!

Sendo assim, para um ato "perfeito", alguns quesitos precisariam ser levados em consideração, para que não ocorresse erros, por exemplo: checar a posição do vento, para saber onde posicionar a cabeça do "contemplado", para não haver desvio. A lâmina, também, rotineiramente deveria ser checada e bem amolada e o principal. O carrasco deveria treinar todos os dias, inclusive com pequenas laranjas, para somente depois, passar a cortar melões. Tudo isso, para evitar, por exemplo, o que ocorreu lá com aquela rainha na Inglaterra, quando submetida a esse tipo de morte, nas mãos de um "amador". Primeiro golpe e o sujeito lhe arrancou a peruca, no segundo metade da cabeça e somente no último, conseguiu acertar o pescoço da pobre monarca!

Método grosseiro, antiquado, brutal, selvagem de matar... mas, como disse, instalado aqui no Brasil, eu faria questão de ser o amolador oficial das lâminas. Iria deixá-las afiadíssimas, para poderem distanciar do corpo, cabeças de "ilustres" pensadores, como José Serra, Geraldo Alckmin e João Dória Jr. Contudo, para esse último eu gostaria e faria com que, a lâmina estivesse bastante... cega!

CAPÍTULO IX

INEXPLICÁVEIS ESSES "ATALHOS" DO DESTINO!

Por mais que se acredite numa Providência Divina, se tenha fé num porvir, credite muita confiança nos santos e nos anjos, mistérios tais quais os que ocorrem inesperadamente, nos surpreendem repentinamente, deixando-nos um tanto confusos!

Em resumo: por que as pessoas boas devem partir muito antes das pessoas más?

Porque Geraldo Alckmin, José Serra, João Dória Júnior, devem viver por exemplo e uma pessoa de boa índole o quanto Gugu Liberato, teve que morrer?

Somente uma explicação plausível, possível, aceitável: "os bons tem que antes partir, os canalhas deverão permanecer!"

Levando-se em consideração que a vida é uma escola e cada dia que se viver é um aprendizado, é forçoso compreender, que em matéria de amor ao próximo, justiça, igualdade, respeito, verdade, etc., esses três senhores não aprenderam absolutamente nada!

Se é verdade que nem todo aquele que parte antes, deverá habitar junto aos anjos nos céus, é ainda mais verdadeiro que todos os "maus senhores" devem ficar um pouco mais para testarem a paciência, a resistência, daqueles que pela força do destino, temporariamente, se encontram sob seu "aparente" jugo! Ora, nesse caso, não há mal que seja eterno e nada de tão ruim que não possa mudar um dia...

Com o passamento de uma pessoa normal, para outro plano, tem-se a nítida impressão que... cumprida foi sua missão. Cenário completamente diverso quando se imagina, por exemplo, de "partida" , João Dória Júnior. Sim, fora as condenações naturais que vai ter que passar por conta de seus pecados pessoais, individuais, etc., junta-se ao seu rol de "maldições", todas as pragas dos Funcionários Públicos, que tanto fez mal e a medida cabe igualmente, para os outros dois algozes: Geraldo Fake Alckmin e José Farsante Serra. Isso, somente num âmbito Estadual, no Federal, a lista é muito, muito maior!

Eu tenho certeza... se João Dória, subir lá na Torre Eiffel, em País e se jogar, ainda corre-se o risco de matar quem está embaixo e o "ser" sobreviver, por que ?!

Porque vaso sem valor, difícil quebra quando cai!

Conheci indivíduos que foram atingidos por mais de 30 tiros e sobreviveram, no entanto, aquela pobre criancinha no Rio de Janeiro, atingida por uma bala perdida, em sua magra perna, faleceu...

Mas, está na hora de Deus, se compadecer do Brasil, de São Paulo, particularmente e começar "fazer uma limpeza" , para que seres melhores, mais dignos, mais justos, possam ocupar cargos de comando e não trazer de volta a eclosão da Escravidão, e de uma certa forma, possam minimizar a situação do Servidor Policial, que está sob intensa humilhação!

CAPÍTULO X

INIMIGO DO MEU INIMIGO!

Seria hipocrisia de qualquer um, admitir que passou ou ainda passa pela vida, sem angariar inimigos... muitas vezes, gratuitamente!

Ocorre que, quando ocorre num círculo estreito, num caráter mais pessoal, individual, profissional, etc., ninguém tem nada a ver com isso e cada um cuide do seu próprio mal ou como se diz por aí, seu próprio carma!

Porém, quando o fato tem um caráter mais abrangente, quando o ódio de uma categoria profissional, se dirige a um líder com aspirações, à ditador, a coisa muda de figura! Existe a necessidade de união de forças!

Portanto, inimigo do meu inimigo, é sim meu amigo!

E foi assim, que no passado, em alguns lugares do mundo, povos, mesmo sem compartilhar as mesmas ideias, sem possuir a mesma cultura, para evitar serem dizimados, se uniram com outros povos, cujo objetivo comum, era combater um inimigo mais poderoso, que ameaçava-lhes à soberania!

Tenho visto alguns colegas, criticarem arduamente, a participação de membros de Partidos políticos: PSOL, PT, PC do B, etc., em nossa causa comum de combater o inimigo João Dória Júnior, simplesmente porque são chamados, tais partidos de partidos de esquerda...

Quem pensa ainda assim, ainda não teve o desprazer de dever: a bancos, nos consignados da vida, nos mercados, ainda não adoeceu severamente, os membros de sua família gozam de relativa saúde e no pior das hipóteses, ainda sobrevive com um montante que não lhe pertence, até a Aposentação!

Eu tenho para mim, o seguinte princípio: se não compreendo a fundo determinada causa, prefiro calar, para evitar maiores danos a mim mesmo, aos meus familiares ou ao meu futuro e se numa batalha que vai se travar contra um governo ditador, contar com o apoio de quem quer que seja, está ótimo!

Meu amigo, se ainda pode falar, ainda pode lutar, aproveite agora, se una para lutar por essa causa, antes que chegue o inverno em sua vida... na minha, já chegou há muito tempo e nem preciso entrar em detalhes sobre desgraças, subtração de direitos adquiridos, derrota na Justiça em prol do Estado e etc., para justificar hoje, minha mente mais aberta e meu comportamento mais liberal!

CAPÍTULO XI

<u>JOÃO DÓRIA X GUGU LIBERATO!</u>

Não se deve comparar um homem a outro, mas, dada as circunstâncias, o "passamento" abrupto de um e o "pensamento" estúpido de outro, cabe sim, algumas, divagações, indagações!

Na verdade, duas coisas claras e comuns entre ambos: pertencem a raça branca e são homens públicos. Só!

Gugu Liberato, quando em vida e segundo dados de milhares de testemunhas e mais, beneficiados, sorria naturalmente para qualquer um, de qualquer classe social. Era da sua pessoa essa espontaneidade!

João Dória, no entanto, também possui algo dessa "virtude!"

Sim, ele mente com a mesma naturalidade com que respira! É algo inerente a sua pessoa. Isso normalmente acontece, com raríssimos seres, totalmente destituídos de caráter e com um grau muito avançado de PSICOPATIA, ou seja, total desprezo e indiferença pelas dores e sofrimento dos semelhantes. Foi por isso, talvez, que quando ocupou ainda que como um "raio" a cadeira de Prefeito, mandou preparar ração que nem cachorro comia, para distribuir as crianças em período escolar!

Gugu, ele mesmo não gostaria de ser idolatrado, antes e depois de sua morte, possuía lá seus defeitos de ser humano, mas, suas qualidades e suas virtudes, o colocava acima de qualquer suspeita... ao contrário, João Dória Jr., não possuindo nenhuma qualidade, muito menos virtudes, tudo que faz em prol do semelhante é "suspeito", inclusive essa farsa de DOAÇÃO DE SALÁRIO não sei para quem... Tudo em seu ser, transpira falsidade, mediocridade, ódio e rancor!

Deve ter tido algum parente seu, político de carteirinha, desonesto e não trabalhador, daí passar a achar, na cabeça dele, que todo e qualquer servidor, é igual a um seu familiar, mentiroso e falador!

Gugu, tristemente, aliás, seu corpo, nem baixou a sepultura e já deixa saudades... aos fãs, a família, aos amigos e em uníssono, todos clamam: "VAI COM DEUS..."

João Dória, ao contrário, odiado e muitas vezes ridicularizado, longe está de partir desta para "pior" , razão pela qual, deixa muita gente triste a perguntar em vão: "MEU DEUS! MEU DEUS! QUANDO É QUE ISSO VAI?!"

Um, tipificação de como um homem tem que ser, o outro: exemplo de como ser um homem mal!

Grave o momento de perda para a família do ex-apresentador! Contudo, já estão estabilizados, (financeiramente),   apesar   dos pesares...

Perigosíssima, no entanto, a posição dos Servidores Públicos, sob a Gestão João Dória, os quais, além de não terem seus direitos respeitados, os que detinham ainda estão sendo subtraídos, entretanto, os prejudicados,   como "gado", ao que parece, serão abatidos, sem reação e achincalhados!

CAPÍTULO XII

MEU AMIGO JOÃO!

Quem quiser ser meu "amigo!"

Por favor não se atreva a falar

Que J.D.J., é uma fraude como gestor

É incompetente e não sabe governar!

Não se atreva jamais a dizer

Que quando governador é só dançarino

Ou que parece um boneco de cera

E seu ponto de vista é cretino!

Ele é "quase" honesto isso é
verdade

Mas, no geral existe muita
incompreensão

Quando pega um "dinheirinho" por
fora

E ousam chamar "benefício" de
corrupção!

Ele é bom, ele é justo, é muito
decente

O seu problema é que se recusa a
entender

Que não é justo menosprezar o
Funcionalismo

Simplesmente para um pequeno nicho favorecer!

Toda essa raiva e esse rancor que sente

Tem muito a ver com a sua farta criação

Ele não tem culpa se foi alimentado a pão de ló

Fruta abundante, lacaios e boa ração!

Por isso, não deve falar mal do João

Ele é um ser "simples" e bastante incompreendido

Ele só precisa de "servos" obedientes e calmos

Para seu governo tomar o rumo
pretendido!

Tá certo que muda muito de opinião

Diria até que não tem nenhuma
formada

Torce para vários times ao mesmo
tempo

E o melhor: assim não se apega a
quase nada!

Tantos exemplo ao longo dos
tempos

E esse "homem bom" não consegue
aceitar

Que atingimos um regime
democrático

E a ditadura não vai ser tão fácil "emplacar!"

.

CAPÍTULO XIII

<u>NÃO DEIXARAM NEM O DÓRIA MOLHAR O "BICO!"</u>

Não ele não sabe! Não interessa e nem lhe diz respeito!

Palavra para ele é dinheiro no bolso... dele e de seus amigos multimilionários. Inclusive, anistiou em 22 BILHÕES em ICMS, essa mesma trupe, contudo, o pobre João, tenta arrumar um monte de explicação, para justificar uma reposição de 5% a toda uma corporação policial, seja Civil, seja Militar, técnico Científica, etc!

Não deixaram também, nem ele explicar verdadeiramente o que sente pela polícia em geral: ojeriza, nojo, desprezo! Portanto, para ele tanto faz!

Não deixaram também ele dizer que é sim um homem de palavra... ou melhor, meias palavras! Quando Prefeito da Capital disse categoricamente, que jamais deixaria o cargo para disputar qualquer outra eleição... até surgir a oportunidade de disputar para Governador!

Conseguiu superar até seu padrinho sem palavra Geraldo, inclusive, na "trairagem!" Na primeira oportunidade, desbancou o tal, da liderança do seu grande partido... os outros também não valem nada!

Sentindo que a disputa para o Governo de São Paulo, estava basicamente perdida para um outro, tão ruim quanto ele, o que fez? Rapidamente lançou a parceria "Bolso-Dória", se referindo ao outro candidato com larga vantagem para presidente à época, ganhou a

Eleição. Enfim, ludibriando de todos os lados, conseguiu ainda trazer para o seu lado, toda a Polícia paulista, sob a promessa que... todo mundo já sabe, cansa repetir!

Eleito, chegou a hora de retribuir a todos que o ajudaram. O primeiro que merecidamente tomou um pé na bunda, foi Geraldo P. Alckmin, o segundo Jair Bolsonaro e agora, toda a Polícia...

Porém, quanto ao aumento de 5% para chegar ao que ele disse que daria para ser a Polícia mais bem paga do País, "infelizmente" não deixaram "molhar" o "bico", ou seja, tomar um aperitivo, para pode explicar direitinho como o faria!

Na verdade, ele quis dizer o seguinte: 5% agora, em 2019 para ser pago em 2020, 1% em 2021, e tudo o que faltar para 2022, ano eleitoral, quem viver verá!

Primeiro, em 2022, ele já não poderia dar nada por ser ano eleitoral, segundo, por ele ser "um homem de palavra", tem a certeza que vai passar todo esse tempo, "levando todo mundo no bico!"

Uma coisa, é preciso levar em consideração, mente tranquilamente, inclusive dá a impressão que acredita no que diz. É caso já, a essa altura, de Psiquiatria. A essa altura, já é um quadro de distúrbio patológico, digno de internação! Pois, trata-se de MITOMANIA! (1)

(1) Mitomania, guiguibomania, **compulsão** em mentir, pseudologia fantástica ou mentir patológico é um transtorno psicológico caracterizado por contar mentiras **compulsivamente**, sem benefícios externos e geralmente restritos a assuntos específicos apresentando-se de maneira bem vista socialmente.

CAPÍTULO XIV

O JOÃO NÃO QUER SER CONTRARIADO...

Pode até parecer atitude de ditador, mas, é sim, ato de alguém que foi muito mimado! E depois também, o coloca sim, à "aspirante" a esse posto!

O último que se tem notícia que por aqui (no Brasil) esteve, não acabou bem seu governo! Embora tenha realizado feitos memoráveis, o mérito e demérito de suas ações governamentais, em vista das controvérsias que ainda geram, não interessa abordar nesse momento!

Getúlio Dornelles Vargas (São Borja, 1882; RJ, 24/08/1954), por algumas de suas atitudes talvez por insegurança, infelizmente, foi sim, por sua livre escolha, levado a essa denominação, bastante "pesada" para os dias atuais.

Destituiu em 1930, Washington Luís e impediu a posse de Júlio Prestes como presidente. Deixando o poder, somente em 1945, quando fora também destituído e se ninguém o fizesse, se mais anos de vida tivesse, estaria lá, no governo Federal, até hoje.

Tinha trauma de quem escrevia alguma coisa, já que pela ausência de "redes sociais", os escritores, segundo seu entendimento, eram os propagadores de ideias, antinacionalistas e deveriam ser observados muito de perto.

Com efeito, mandou prender MONTEIRO LOBATO, GRACILIANO RAMOS, além de mandar queimar em praça pública, nada mais, nada menos que 1642 livros do escritor baiano JORGE AMADO!

Eu até entendo o fanatismo, pois, os admiradores de Getúlio, assim como os defensores de outros, agem da mesma forma e possuem a mesma paixão!

Agora, voltando ao "objeto" dessa discussão, o Sr. João, pretende seguir a mesma cartilha de alguns outros que impuseram a lei pela força, pela brutalidade, pela coação e pela perversidade!

Porém, ele precisa ficar bastante consciente, que os poucos ditadores que ficaram para contar sua história, perderam muito de sua credibilidade! Na verdade, o único ditador que tenho notícia que não é nem sombra do que fora seu irmão, é o Raul Castro (o qual ocupa os seguintes cargos: vice-presidente do Conselho de Ministros, primeiro vice-presidente do Conselho de Estado de Cuba, vice-secretário do Politburo e do Comitê Central do Partido Comunista de Cuba (PCC), e Supremo General das Forças Armadas: Exército, Marinha e Força Aérea), e atual primeiro na Chefia de Comando.) de Cuba! Os outros, terminaram muito mal sua existência e governo...

Getúlio, suicidou-se. Slobodan Milosevic, ex-presidente da Iugoslávia, deposto em 2000, morreu nas dependências da prisão 2006, enquanto aguardava julgamento, no Tribunal Internacional de HAIA, por crimes de Guerra. Saddan Hussein, tão "valente", milionário, que fora, deposto, foi encontrado dentro de um buraco, desdentado, com U$ 500,000, mas mãos, tudo que lhe restara de seus bens, fora enforcado tempos depois. Muammar Mohammed Abu Minyar al-Gaddafi, ou simplesmente Kadaffi, (Habu Aidi, 1942; Sirte, 20/10/2011), orgulhoso, vaidoso, etc., fora arrastado pelas ruas, espancado e morto como um pobre "cachorro louco!" Benito Amilcre Andrea Mussolini, ou simplesmente Benito Mussolini, o "Dulce", (1883 a 1945)... "Em 28 de abril de 1945, quando as potências do "Eixo" já se encontravam quase que completamente derrotadas, Mussolini foi capturado por membros da Resistência Italiana, que atuava ao lado dos aliados contra o fascismo. Mussolini foi fuzilado com a sua esposa, e seus corpos foram expostos, durante vários dias, na praça Loreto, em Milão".

Mesmo a ditadura imposta por Francisco Franco na Espanha, que durou de 1930 a 1975, aplicada nos mesmos moldes, a sociedade brasileira hoje, não teria mais como prosperar, a globalização, a necessidade do livre comércio, as restrições e imposições por Nações bem mais desenvolvidas, fariam, com que qualquer ditador, olhasse mais atentamente, para seu controle, senão, pelas vias Democráticas!

O João não quer aceitar críticas, mesmo sendo flagrante, que quer governar para alguns dos seus amigos, prometendo tudo e nada cumprindo. Confundindo o regime democrático, com o regime de Escravidão, onde a imposição seria a regra, o castigo a punição e o não pagamento ou baixa remuneração, direito líquido e certo sem nenhuma espécie de reclamação!

Tomou o bonde "errado" da história...

Esse Regime, se perdeu, amigo, na noite da Escuridão...

Vai ter que "fichar" muita gente, João, ou mudar sua concepção!

CAPÍTULO XV

<u>O SOCIOPATA!</u>(*)

É possível imaginar, que o pobre do cavalo "pangaré" que puxa a carroça, o burro que transporta carga, não sinta tanto sofrimento, pois, não tem um conhecimento pleno de sua situação, uma vez que não entendem, ou tem entendimento bastante rudimentar para compreender sua posição de inferioridade que ocupam no tempo e no espaço!

As linhas acima expostas, não tratam de divagações e sim, de graves reflexões, após ter observado o comportamento do povo brasileiro em relação seus governantes, e por que não? Após ter observado o povo paulista em relação seu governador!

Em qualquer país do mundo, em qualquer Estado do Planeta, um Governador, um Prefeito, após tomar conhecimento, por exemplo que sua cidade, seu Estado acaba de ser invadido, praticamente por quase uma centena de criminosos de altíssima periculosidade, os quais, ardilosamente acabaram de escapar de uma prisão de "quase" segurança máxima (paraguaia), e esses, reunidos a outros tantos criminosos, poderiam provocar grandes estragos, etc., qualquer homem, voltaria imediatamente a carga, tomaria o controle da situação e jogaria duro com a bandidagem e partiria imediatamente para ação... qualquer homem, Dória, não!

Dória está na Suíça!

Não deve ser incomodado com assuntos de somenos importância, perfeitamente solucionável, por qualquer assessor mais próximo, que também não esteja no exterior, descansando...

Acredito que, por não compreender perfeitamente a extensão do mal, a indiferença desse falso líder, não exigem nada desse ser, não lhe cobram qualquer obrigação! E ele continua, até a próxima eleição!

Pelo menos o condutor da carroça, tem consciência relativa de sua posição e sofre um tanto menos que seu animal de estimação (ou não), puxando lá sua carga ou sua carroça! Não pode ser feliz, é verdade, pois, não entende que é preciso respeitar a todos, inclusive, os quadrúpedes, os bípedes e até os répteis!

Quanto a esse senhor, que ora vive ali naquela grande habitação, que manda alguns milhões para sua conta e alardeia ser a "nata" da caridade, por doar seu salário mensal, é problemático!

Existe definições de certas patologias, que se fossem escritos Tratados a respeito, mesmo assim, seria de difícil compreensão. Porém, alguns sinais clássicos de certas perturbações mentais, deixam bastante claro, o grau da doença que o paciente é acometido...

João Dória Júnior, é um sociopata!!!

Sim, possui "um **transtorno de personalidade** que é caracterizado por um egocentrismo exacerbado, que leva a uma desconsideração em relação aos sentimentos e opiniões dos outros.

Um sociopata não tem apego aos valores morais e é capaz de simular sentimentos, para conseguir manipular outras pessoas. Além disso, a sua incapacidade de controlar as suas emoções negativas torna muito difícil estabelecer um relacionamento estável com outras pessoas(...)"

Na mesma "pegada", se assim posso me expressar, vem lá a outra, dona Joice Hasselmann, entusiasta do seu ídolo (Dória) e pretendente a ocupar o cargo de Prefeita da capital, não que o que lá se encontra possua alguma qualidade, sendo neto de quem é Mário C., que também por motivos óbvios, odiava a Polícia. Quem não gosta de polícia?!

Claro, quem não opera dentro da Lei, assim como Geraldo Alckmin, etc. Porém, dona Joice, é sim, no máximo, formada, na mesma escola de hipocrisia!

O portador desse mal, dessa Sociopatia, conforme a definição, uma vez que é destituído de toda e qualquer emoção, nada lhe diz respeito, nada lhe causa satisfação. As únicas coisas que lhes põe um certo temor é a proximidade da morte e o medo da pobreza. Só!

Não adianta pedir, chorar, implorar, ele não sente nada! Por isso esse constante risinho sarcástico, por isso, essa constante retórica, repetitiva e mentirosa. Enquanto não for desmascarado, vai ficando... falando, caçoando...

(*)Sociopata é uma palavra usada para descrever uma pessoa que sofre de Sociopatia, uma psicopatologia que provoca um comportamento impulsivo, hostil e antissocial.

A <u>Sociopatia</u> é classificada como um **transtorno de personalidade** que é caracterizado por um egocentrismo exacerbado, que <u>leva a uma</u>

desconsideração em relação aos sentimentos e opiniões dos outros.

Um sociopata não tem apego aos valores morais e é capaz de simular sentimentos, para conseguir manipular outras pessoas. Além disso, a sua incapacidade de controlar as suas emoções negativas torna muito difícil estabelecer um relacionamento estável com outras pessoas.

A <u>Sociopatia não tem cura</u>, no entanto, os seus efeitos podem ser mitigados através da psicoterapia e da prescrição de medicamentos. A expressão **sociopata funcional** indica uma pessoa que apesar de sofrer de uma Sociopatia, tem essa situação sob controle, ou seja, os efeitos da Sociopatia não afetam muito a sua interação com outras pessoas.

.

CAPÍTULO XVI

<u>**OBRIGADO JOÃO DÓRIA PELA OPORTUNIDADE(?!)**</u>

Eu sei que boa parte da população de São Paulo, agora com certeza, muito mais "escolada" (sei não) e em particular os policiais, dirão: você está louco em agradecer a um sujeito que só pensa em si e em sua carreira? Agradecer a um indivíduo que nunca na vida acordou cedo para tomar um "busão", metrô, trem... nunca teve o desprazer de "saborear" uma marmita requentada? Que definitivamente não sabe quanto custa a vida? Não respeita os mais velhos, quiçá os mais novos? Que ao invés de valorizar o policial ferido em serviço, hoje na inatividade, os aposentados, os chama de vagabundos? E no final dirão: o que você tem na cabeça, para elogiar... isso?!

Como ousa elogiar um sujeito que beneficia seus amigos, anistiando-os em mais de 19 bilhões de reais em impostos, e ousa ir à televisão mentir, (ele, seu secretário, seu vice e seus "papagaios" de plantão), sobre a impossibilidade de dar um reajuste digno a polícia paulista? Uma pessoa que não sabe o que é ser policial aqui no Brasil, particularmente em São Paulo, onde o crime organizado oferece, assim como no velho oeste, "recompensa" pela "cabeça" (não literalmente e literalmente também) de cada policial abatido? (a última cotação dava conta entre dez ou quinze mil subalternos e vinte e vinte e cinco mil graduados). Concluindo, precipitadamente: você é um traidor! Aí eu explico:

Agradeço ao Sr. João Dória Jr., pela possibilidade que me dá de recuperar minha capacidade de criação! Sim, vez ou outra, esses indivíduos "metidos a besta" como eu, precisam de uma fonte de inspiração, para reacender sua capacidade de reação à injustiça e a humilhação... ademais, fazia tempo, que não tomava posse, ser tão desprezível , tão fútil, tão insano, tão mentiroso, tão superficial, enganador, o quanto esse...

Inteligente se julga, não atentou ele, sobre a força que um grupo de pessoas podem desenvolver, quando humilhados, isolados, zombados e achincalhados... Trezentos guerreiros, impediram o avanço de milhares de soldados por um determinado lugar, numa batalha sangrenta, a qual durou quase todo o dia (me refiro aos Trezentos de Esparta, lutando contra o Exército Persa).

Spartacus, o escravo, ex gladiador, sufocado, se rebelou contra as condições que vivia, montou um exército e cerceou Roma e simplesmente, não quis destruir sua pátria "madrasta!" Optando por morrer em liberdade, do que permanecer no cativeiro, Etc.

Enfim, Sr. João, nem de longe, o Sr., tem o perfil de um líder, de um general, assim, como Alexandre, o Grande, o qual, marchava a frente de seu exército, liderando as batalhas e não ficava escondido dentro de um Palácio, mandando e desmandando em seus súditos, pois, pode ser do interior do próprio palácio, que pode surgir o grande golpe!

Esqueceu Júlio Cesar? Preciso recordar-lhe Calígula, o Imperador? Certo de ser odiado por grande parte do seu próprio exército, pelo povo, etc., procurava fazer o trajeto entre a arena e seu palácio, por uma passagem subterrânea e foi justamente lá que encontrou sua morte, golpeado inúmeras vezes , por estocadas certeiras, desferidas por um integrante de sua guarda pretoriana...

Meu "amigo", os tempos são de democracia... diálogo, até uma das partes se sentir completamente preterida em seus anseios e em seus direitos. É importante não pagar para ver!

Portanto, estava lá eu, escrevendo sobre "poesia", quando seu ódio e sua ironia, despertou novamente minha atenção, por isso, por enquanto, obrigado Sr., por trazer de volta minha inspiração. Por enquanto ainda não precisamos de confronto , violência ou confusão...

CAPÍTULO XVII

<u>TUDO QUE O DÓRIA TINHA QUER SER ERA...GOVERNADOR!</u>

Que também não o foram seus antecessores: Geraldo "Malckmin", José "Serrote", Mario "Sepultura", entre outros!

E por que não o eram? E por que João Dória Júnior, não o é?

Primeiramente, muito me estranha um indivíduo oriundo de alta classe social, ter tal comportamento! Ora, será que não tem acesso a literatura? Será que lhe é desconhecida a história dos grandes líderes mundiais, onde priorizavam acima de tudo, o bem estar de sua gente a melhoria do seu povo?

O fato dele, frequentar Faculdades de Ensino Superior, não quer dizer que tenha adquirido conhecimento, sabedoria, entendimento... O fato de frequentar as aulas, não quer dizer que tenha conhecimento de alguma lição nesse sentido!

Qual a função primordial, essencial, de um Estadista, no caso, de um Governador?

Não tem segredo a resposta: governar!

O que acontece é que ele e seus antecessores, não tem competência para isso, consequentemente o único objetivo que tem em mente, quando do poder em suas mãos é, prejudicar algum seguimento da sociedade, nesse caso, aquele segmento formado por servidores públicos, como os principais culpados por prejuízos causados por outrem. Ou seja, o "boi de piranha!" Seus amigos, empresários vendem São Paulo e são isentados de impostos e colocados à parte, para ajudarem-no a dilapidar o patrimônio do Estado e jogando todo o prejuízo causado, na conta dos Servidores Públicos Estaduais...

Tudo que João Dória tinha que fazer, era tão simples!

Acordar cedo. Sentar as nádegas naquela cadeira confortável que lhe reserva o Palácio, parar de se comportar como uma criança mimada, (ou como uma biba mal-amada) e trabalhar como homem!

E como seria esse trabalhar como homem?

Simples, fazer o básico do básico do elementar!

Parar de "causar!" Parar de ser "candidato" e Governar!

Deixar de ser irresponsável e atuar como Governador da maior capital do Brasil, uma das maiores do Planeta e assim evitar se tornar o que está virando: "persona non grata!"

O anterior ("Malckmin"), pegou o início da ascensão das Redes Sociais, portanto, não soube lhe alertar sobre esse pequeno detalhe, que pode fazer toda a diferença. E qual seria essa diferença?

O compartilhamento quase instantâneo de tudo que ocorre: na Assembleia, no Senado, na Câmara dos Vereadores, no Senado, até no gabinete da Presidência, quiçá, no Gabinete de Governador. O que em outras palavras quer dizer que, é quase possível ler seus pensamentos,

João, tem alguém aí do seu lado, que vai deixar escapar em segredo alguma maldade sua, para um ou outro amigo e dali a pouco, as torcidas do Flamengo e do Corinthians, vão estar sabendo de tudo!

Portanto, não será esquecido na época de eleição!

O Major Olímpio errou na matemática, quando disse que receberá os mesmos 4% que Geraldo "Malckmin" recebeu de votação, quando deu esses 4% de reajuste aos Servidores Públicos depois de quase 10 anos, grave equívoco...

Senão vejamos: 5% de reajuste, correto? Subtraindo isso, de 4% da maldade que intentou (intentou, porque se Deus quiser isso não vai vingar) com a farsa, o engodo, a mentira de sua Reforma da Previdência, sobram, exatos 1% de votação e isso, será o que vai ter! Não acredita? Pagou para ver!

Dória, tome por exemplo, Geraldo "Malckmin". Mal visto, mal quisto, mentiroso, péssimo humor, Anestesista, está fazendo bico de Acupunturista. Afinal de contas, quem é que vai querer se submeter aos cuidados de um médico que jamais passou perto da profissão e não possui nenhuma qualificação?!

Ainda bem que você é gestor, vai poder ter alguma ocupação!

Existem muitos empreendimentos carecendo mesmo de gestão: a do crime organizado, da pirataria e no centro de acolhimento da prostituição!

Dória, senta seu traseiro nessa cadeira e cuida de sua ocupação, sem maldade, mentiras e retaliação!

Ah, pega o "Mamãe Falei" e o coloque na primeira missão!

CAPÍTULO XVIII

ERA TUDO MENTIRA...

Até o bacanal(1) era falso! Este, explique-se de passagem, meticulosamente gravado, com diversas mulheres, para impressionar o seu "papai" e sua "mamãe", os quais, orgulhosos, iriam depois comentar com toda a vizinhança: "nossa, o nosso menino é fogo!"

Câmeras, estrategicamente colocadas e finalmente, de uma certa forma, atingiu seu objetivo: conseguiu passar adiante, sua fama de "pegador", garanhão, poderoso, potente!

O problema, nesse caso, é sempre o mesmo: **a cara** desmente a pretensa virilidade de suas ações! E o pior, suspeita-se que nem gosta tanto assim, da "fruta", aliás, escolha pessoal de cada um, porém, quem tenta demonstrar aquilo que não é para atingir um determinado objetivo, está sujeito as retaliações destinadas no final, aos farsantes e salafrarios em geral!

Como atingir um segmento específico da sociedade paulistana, a não ser passando-se por viril, sexy, capaz, poderoso?! Deu certo, embora algumas dúvidas, mesmo à época, pairaram sobre seu desempenho!

Hoje em dia com a liberalidade sexual, não é vergonhoso para ninguém, excelentíssimo, abrir as "portas" do coração ou do "armário" e falar ao mundo de suas mais secretas fantasias, ninguém vai desrespeitar, o mundo aprendeu a ouvir, a sociedade sabe diferenciar! Agora mentir para ganhar adeptos, através de um pretenso "bacanal", é sujo, é baixo, é banal...

Isso posto, para a sociedade em geral, pelo que já demonstrou, fez e determinou, é capaz de muitas outras peripécias para atingir seus escusos e vergonhosos objetivos, nem que para isso, seja preciso, contratar uma dúzia de prostitutas, combinar a hora de "trabalho" de cada uma, estabelecer a posição que cada uma deveria ficar no quarto e na cama e de acordo com equipe de filmagem, fazer poses e se passar por "Ricardão!" Mas, o senhor não fez isso, não, não é?! Acho que não!

Em seguida, vem aquele negócio de gestão. Sim, também outra manipulação da realidade. Aliás, no caso em questão, até pode ter sido um péssimo patrão e amparado nessa premissa, alguém deve ter lhe soprado aos ouvidos: "menino, você vai ser grande, você vai ser o...campeão!" Desde então, ele vem acreditando nisso... suprimindo direitos sob o pretexto de cortar gastos, restringindo liberdade individual de todo e qualquer cidadão sob a desculpa de futuramente auxiliar na localização para auxílio e cooperação, vem violando Leis, atropelando a Constituição Federal, a Constituição Paulista, o CPC e mesmo o Código Penal, porque na sua cabeça ditatorial, um "homem" não deve ter limites e nem se deixar amedrontar por letras, por Promotores, Juízes, pois como mora e governa no Brasil, acha e acredita profundamente, que cada homem tendo o seu preço, ninguém tem o direito de lhe falar não! Afinal, a mamãe disse que era gestor e tem que cumprir sua "honrada" missão!

Mas, sinceramente eu gostaria... Queria encontrar uma daquelas mulheres e perguntar-lhe diretamente, quanto custou àquela "baixaria!" O bacanal, aquela orgia!

(1) bacanal

substantivo feminino

1. 1.

festa em honra a Baco, o inventor mitológico do vinho, celebrada em Roma, à imitação das festas dionisíacas gregas; bacanálias.

CAPÍTULO XIX

<u>SIM EU SEI... PALAVRAS JOGADAS AO VENTO!</u>

Sim, eu sei que talvez passaria a minha vida inteira, repetindo os mesmos argumentos, rebuscando as mesmas palavras em busca que ecoassem para si e a voz da razão lhe despertasse e começasse a ser um homem digno e principiasse a fazer as coisas direito... mas, é em vão!

Você muito me lembra um primo meu residente no interior, já em estado avançado de alcoolismo, aliás, hábito que não considera vício, não consegue mais, ficar um dia sem beber e quando consegue, sua mente já corroída pelo etílico, crer, fazer meses que não toca no "corote", quando na verdade, geralmente, faz somente algumas poucas horas. Não ouso ainda falar sobre o assunto consigo, se sente ofendido, seu pretenso "ego", se é que pode ter ego, um sujeito que já cai nas ruas e os cachorros vem lhe lamber sua boca, não admite dizer que é o que todo mundo lhe fala: um bêbado contumaz. Porque o "bebedor social" que a doença dita em seu pensamento em relação a si para lhe confortar, ficou perdido, em algum lugar do passado, muitas e muitas décadas atrás! Não adianta... É o caso!

No caso, do indivíduo "cachaceiro", meu primo, apesar de prejudicar algumas pessoas, quando está lá sob o efeito, o mais prejudicado é justamente e somente ele mesmo, em relação ao prejuízo, que você João, aliás, diga-se de passagem o mesmo nome de "João Pingão" do interior, nos oferece. É muito menor o prejuízo de um "João", pois, no final o maior prejudicado conforme exposto é somente ele mesmo.

Quanto a você, vai prejudicar milhares de pessoas. Muitos lares passarão dificuldades, por sua política de sucateamento dos serviços públicos. Tudo porque seu desejo de ditador, seria mandar todo mundo embora, de preferência por justa causa, e colocar mais dos seus lacaios para fazer o serviço de profissionais, de qualquer jeito, uma vez que não se preocupa com espécie e qualidade e sim somente quantidade...

Homens como você, não entendem que apesar da sociedade brasileira, à paulista em particular, ser bastante preconceituosa, alguns indivíduos dentre tantos, defendem ainda, por incrível que pareça a libertação dos escravos, se sentem incomodados com o preconceito contra pobre, etc., do qual, nitidamente, você é detentor. Nos recantos mais profundos de sua mente, amaldiçoa a "jogada política" da Princesa Isabel, que ousou libertar os escravos. No seu entendimento pobre tem continuar pobre porque o destino quer assim e preto, não deveria circular livremente. Aliás, isso seria uma discussão inglória, eivada das suas mentiras, porque juraria que desde tenra idade, já era defensor dos escravos, um discípulo de Joaquim Nabuco e de Castro Alves e adorador desde tempos, a miséria e a pobreza!

Quando imagina, João, nós o sabemos, caminhar alguns metros debaixo desse sol escaldante, rapidamente, lhe vem a mente a tão repetitiva frase que tem consigo: "quem será que ousou abolir as liteiras?!" E continua pensando? "quantos negrões fortes na PM principalmente, serviriam para transportar esse especial ser sobre os ombros, no entanto, vejam só, ter que se arrastar alguns metros, até meu Mercedes, para logo depois, pegar meu Helicóptero que mandei apreender da dita PM!"

Depois, já no interior do seu palácio, até posso imaginar seus outros pensamentos: "eles pensam que é fácil ser governador. Essa "paparicação" me cansa demais. Entrevistas, viagens constantes com o dinheiro desses imbecis, que não fazem mais que a obrigação, "bancar" minha locomoção pelo mundo afora. Ter que sair rodeado de "puxa-sacos", aos quais intitulam seguranças e o pior, a parte mais terrível, ter que mentir constantemente sobre estar fazendo isso e aquilo. Eles não sabem como é difícil ser governador! "

Se eu durasse cem anos e durante todos esses dias da minha vida, batesse na mesma tecla, para tentar demovê-lo dessa irrealidade e trazê-lo à verdade da vida, não o conseguiria. Mas, pelo menos vou fazer minha parte, pelo tempo que for necessário, porque o acerto maior, senhor, vai ter quando for lá ter com o Criador, e vai!

CAPÍTULO XX

<u>GOVERNADOR, BONS PENSAMENTOS NÃO SERVEM SOMENTE PARA ORIENTAR OS MORTOS</u>!

O que quer dizer, senhor, quer acredite ou não, pensamentos bons ajudam mesmo qualquer pessoa ser fortalecida espiritualmente em sua vida e também a qualquer um superar muitos obstáculos, inclusive em sua saúde!

Imagine que uma pessoa denominada "má" tem um grande poder de influenciação sob o moral de outros indivíduos, quando tende a imaginar coisas más a respeito de outrem e fixa o pensamento negativo nessa direção! Haja fé, para superar essas péssimas obstinações!

Geralmente pessoas boas, são alvo constante desse mal. Contudo, como pode-se suspeitar, por estarem mental e psiquicamente além, acima dessa maldade toda, de alguma maneira ficam relativamente resguardados, embora sofram vez ou outra, com alguma interferência em seus ideais e objetivos, justamente por esse desejo de maldade que alguém, tem para consigo!

Observando esse quadro, ouça bem, preste atenção, como sua proteção não é de maneira nenhuma, oriunda de uma fonte celestial, para estar lhe impedindo que sofra algum mal, uma força sobrenatural infernal, pode estar agindo em seu benefício, protegendo-o de todo mal! Mas, cuidado com o pagamento final! Sempre gera inconformações...

Comecemos com aqueles que tanto prejudicou e faz questão de se mostrar poderoso e influenciador, para não conceder nenhuma espécie de benefício e ainda de sobra, cortar porventura alguma conquista ao longo das décadas adquiridas, os Policiais Civis, hoje, defasados, num universo de 22 mil, somados seus familiares, etc. Pensando sistematicamente, não necessariamente bem, sobre você... às vezes, até mais de uma vez por dia... por isso, é importante que renove seus laços com essa magia que não é do justo! Somente assim para evitar uma derrocada... antes! Pois, dias menos dias acontece! Com outros infinitamente mais poderosos, mais inteligentes, até menos repugnantes (pois, agregavam parte do povo) que você, foram alcançados, pelas setas do bem, um dia, por que acha que deve ficar acobertado o tempo todo!

A quantidade de anos que Jesus viveu, por exemplo, foram a quantidade de atentados que Hitler sofreu e sobreviveu: 33. Foram 33 atentados contra a sua vida. Num dos últimos, onde houve mortos e feridos e uma mesa de carvalho de mais de tonelada, espatifada, quem vira o estrago depois, só poderia exclamar: impossível ter sobrevivido!

Nesse ponto e somente nesse ponto tenho certeza que os seus deuses (dele e do Austríaco/Alemão) são os mesmos! O que prova que também pode proteger quem lhes quer bem... por quanto tempo, ninguém o sabe! Mas, pelo retrospecto, uma hora "ele" vem cobrar o que emprestou e você sabe disso!

Pois é assim, tantos mistérios que acontecem na humanidade que a linguagem escrita é carente para explica-los. Como por exemplo, como é possível entender que pessoas boas sejam assassinadas, sofram uma serie de violências, enquanto seres indignos mesmos, sejam enaltecidos de todas as formas e de todos os ângulos sejam agraciados em todos os sentidos, enquanto àqueles que pregam a paz, o amor ao semelhante, reserva-lhes a vida, geralmente, gênero de mortes terríveis?! Se bem que, morrer é sempre morrer, mas, existe alguns gêneros de morte, que se for possível evitar, é melhor, (exemplos? Decapitação, cadeira elétrica, câmara de gás, afogamento, asfixia, enforcamento, queimadura, etc.), mas, assim não acontece, pelo menos no retrospecto, levando-se em conta o que ocorreu longo da história da humanidade, para com as pessoas justas. Muito antes de Jesus Cristo, Sócrates, fora uma vítima típica, condenado a beber um veneno denominado cicuta, para pagar por um crime que não cometeu, aliás, que crime poderia haver em orientar os jovens para o bom caminho?! Sêneca, condenado a cortar os próprios pulsos por ter sido acusado, por ninguém mais ninguém menos que seu tutelado **Nero** (Cláudio César Augusto Germânico). Galileu Galilei... não! Não perdeu a vida, mas, jogou sua biografia no lixo, quando por medo, renunciou a suas ideias, para não ser queimado vivo. Mesma sorte, não teve Joana D'arc que fora queimada viva acusada de bruxaria. Abraham Lincoln, fora assassinado.

Martin Luther King idem. Mahatma Gandhi também. John Lennon, defensor da paz, também.

Verdade, que às vezes, mesmo os bons pensamentos não são suficientes para preservar a vida da boa gente, mas, eles já sabiam disso. Porém, deveria recapitular e ao invés de propagar o mal entre as categorias, deveria o senhor, parar um segundo para pensar e reconsiderar suas atitudes!

E não se iluda. A saúde que detém, o cargo que ocupa, o dinheiro farto, que lhe chegam as mãos, não é porque é melhor que ninguém, muito pelo contrário é sim, um empréstimo que Deus lhe permite ter, para ver se para de ser ruim e passa a pensar um pouco mais no semelhante e ao que se vê, é justamente o que não faz e não vai fazer!

E não se esqueça que nem os próprios nazistas foram tão descrentes! Embora com certeza, o deus que acreditavam, não é o mesmo Deus, que nós, seres humanos normais, tentamos nos amparar!

CAPÍTULO XXI

SEMELHANÇA A UM PERSONAGEM HISTÓRICO...

Observando desde algum tempo, o comportamento arrogante de João Dória Júnior, tinha quase certeza que me recordava de um personagem histórico, porém, não conseguia me recordar quem o era...

Porém, com essas suas últimas falas e sua excessiva necessidade de provar que manda, que é gestor, finalmente, consegui lembrar da figura que tem muita semelhança consigo e seu ego...

Trata-se do filho do General Romano, Germanicus Julius Caesar e de Agripina, Caio Júlio César Augusto Germânico, ou simplesmente "Galígula", para a humanidade! (Calígula (12-41) foi um imperador romano que governou entre os anos 37 e 41 da era Cristã. Foi o terceiro imperador da primeira dinastia do Império Romano. Acometido de um desequilíbrio mental realizou arbitrariedades e extravagâncias, entre elas a de nomear seu cavalo, Incitatus, cônsul romano).

Eis o grande erro de Dória: acreditar que é gestor e não político, mas, pelos anais da história, Calígula há muitos anos atrás, surgiu com essa ideia, na época com certeza original!

Determinou que seu cavalo, chamado Incitatus, alçasse a condição de Cônsul Romano, trocou sua Guarda Pretoriana por bailarinos e num ato "supremo" de comprovada gestão, obrigou seus soldados recém casados, a cederem suas noivas, para deitarem na cama do Imperador, na primeira noite de núpcias...

Como se vê, em questão de mando e gestão, Dória não é tão original no que tange a ordenar, contudo, no comportamento, é exatamente igual.

Sei lá quem foram seus pais (do Dória) e nem quero saber, mas, o pai de Calígula, Germanicus, apesar de ser um grande general e gozar do respaldo do Exército Romano, nada conseguiu fazer, para endireitar o caráter torpe de seu "amado" filho, Calígula, aliás, nome de uma sandália que à época era muito em moda no país! Talvez, por ter morrido (seu pai), muito cedo!

A grande diferença entre ambos é que, Calígula ou Caio Júlio César Augusto Germânico, no início de sua gestão como Imperador Romano, deu a entender que seria, de fato, "normal!" E por um curto período de tempo, com algumas medidas tomadas para com a sociedade Romana, parecia, sinceramente que seria um grande homem! Ao contrário, João Dória Júnior, nunca foi justo, nunca foi digno e um dia, sonhou ser o que tanto gostaria e fanfarreia: "Gestor!"

Caiu adoentado inexplicavelmente (Calígula, não o Dória), e quando retornou de sua convalescença, tornou-se o que tanto Dória anseia ser, um "Ditadorzinho" inescrupuloso e vazio! Colocando em primeiro lugar, a perversão, o sexo, a promiscuidade acima de tudo, em prejuízo dos reais interesse da Nação!

Outra coisa, Calígula, nunca forçou a barra para aparentar o que não era, ou seja, um homem de bem! Era naturalmente degenerado, se assim me posso expressar, enquanto sua cópia brasileira, se esforça sobremaneira, para aparentar ser um homem de bem, mas, todos sabem que é tão degenerado o quanto o personagem!

Contrariado... sapateia, rasga a roupa, não admitindo ser contrariado e nisso, ele tem muito do cavalo do Calígula, o qual, nomeado "Consul ", ainda assim, defecava nos tapetes do palácio, quebrava as estátuas dos deuses e ainda por cima, relinchava, ainda que comesse num balde cravejado de diamantes, seria sempre um simples quadrúpede!

Um sujeito indigno, como Prefeito, Governador, etc., será sempre medíocre...

CAPÍTULO XXII

CONVERSA COM CRISTO SOBRE O "JOÃO!"

Eu sei senhor que está escrito: "perdoai para que Deus vos perdoe", "perdoar setenta vezes sete vezes", "atire a primeira pedra aquele que se encontrar sem pecado", "amais aos vossos inimigos..." etc., eu sei de tudo isso! Mas, eu o odeio!

Senhor, se estou na cozinha e do quarto, por acaso, o escuto na televisão em alguma entrevista... pronto! Já é o bastante para despertar o meu ódio! Seu timbre de voz me irrita! Isso porque, como eu já o conheço perfeitamente e sei que tudo que diz é mentira deslavada, rechaço suas palavras, sobre qualquer questão, porque também sei, por exemplo, que na janta, já esquece o que prometeu no almoço. Por isso ele me é prejudicial sim, "atrapalha minha evolução espiritual!" Perco tempo pensando odiar, quando deveria amar o semelhante, entende?!

Eu o odeio senhor!

Sua voz fingida, suave como o sibilo das serpentes peçonhentas, me causa pavor! Qual o motivo de tanto ódio, pergunta o senhor?!

Eu explico: ele odeia pobre, consequentemente odeia Funcionário Público do baixo escalão, prometeu um aumento substancial à polícia em geral e o que restou foi somente uma humilhação total. Chamou aos valorosos Policiais "retired", da Reserva ou Aposentados, de "vagabundos!", rapidamente, (para isso, foi a jato), mandou um Projeto de Lei para a Assembleia Legislativa, a fim de confiscar o Salário minguado dos Servidores, através de um desconto desproporcional.

Por esses e outros motivos não consigo o odiar menos! E também sei que justamente por isso, talvez comprometa minha saúde, perdendo tempo, odiando-o cada dia mais!

Pergunta o senhor: porque tanto ódio a um especificamente, se todos os políticos são iguais?!

Sim, em sua quase totalidade, realmente são desonestos, preguiçosos, indiferentes, frívolos, materialistas, etc., mas, acontece que ele, está além disso. Além de ser possuidor de todas essas "nobres qualidades", é o seu sarcasmo, sua hipocrisia ao extremo, seu fingimento, que o diferencia dos demais... Não se preocupa em ser surpreendido mentindo, pois, rebate uma negação com outra e lança dúvida sobre suas próprias decisões e as justifica com outras explicações comprovadamente suspeitas.

Assim senhor, como o Vosso Pai, tolera um filho inescrupuloso quanto ele, peço misericórdia, para também ter paciência comigo. Quem sabe semana que vem... não, mês que vem... não, ano que vem... Eu consiga odiá-lo menos!

Infelizmente, Cristo, se minha salvação estiver condicionada a direcionar alguns pensamentos de amor a esse ser... "tô na roça!"

Perdão!!!

"QUASE FINAL"

POR QUE PENÚLTIMO E NÃO O ÚLTIMO?!

Na verdade, nesse "ranking" ele não está(?!)

Não tem "know-how", para entrar nessa "escola" de gente que se destacou: pelo desprezo pela vida (principalmente do semelhante), pela usurpação do poder (por mais incrível que possa parecer, fora democraticamente eleito, ainda que sustentado por mentiras), pela pretensão, nunca pela ousadia, pela traição e é claro, pela covardia. Nesses últimos itens, ele está bem de acordo! Mas, não será o primeiro e com certeza não será o último a tentar impor suas ideias e seus pontos de vista pela força... não pela força que traz consigo, mas, pelo aparato do entorno, conquistado sem esforço e sem nenhum merecimento!

Sendo assim, com efeito, não poderia intitulá-lo, como o último. Pois para mim, não passa de um "velho", com atitudes de moleques, transferindo os recalques de sua infância e de sua adolescência, àqueles que julga ser grandes favorecidos, os Servidores Públicos. Volto a frisar o assunto:

Age assim, porque desconhece a máquina estatal, oriundo de alguma empresa de família (pequena ou grande não importa), não entende que são mecanismos diferentes. Mas, sua curta inteligência, tem dificuldades para processar essas informações tão simples: o Servidor Público de carreira é um profissional que adquiriu a capacidade de ocupar um cargo público, porque optou por esse segmento de função. Inscreveu-se em Concurso Público, disputou vaga, passou por certames múltiplos. Após, empossado, foram conduzidos a trabalhar em suas repartições de acordo com as escolhas específicas, tendo em vista, escolha por aptidões. Sequenciais arrochos salariais promovidos pelo PSDB do Estado de São Paulo, particularmente, o único atrativo que restou em muitos casos, excetuando-se é claro, os Procuradores do Estado, Os Juízes e Promotores de Justiça principalmente, fora a estabilidade de emprego, a qual , esse ignorante, a todo custo tentar quebrar...

Sem direito a FGTS, Rescisão Contratual, indenização quando saem do Serviço Público, só permanecem porque são profissionais. Nada mais justo que para sua demissão, exija um processo um tanto mais complicado para chegar-se a esse fim e é justamente aí, que essa criatura, por não ter nem ideia especificamente o que vem a ser gestor de verdade, se apega, pois com os empregados do "papai" dele é só apontar o dedo em riste em direção a rua, que os coitados, saem sem titubear, ou sejam são demitidos sem apelação!

Não podendo fazer o mesmo com tanta gente, do Setor Público, acha muito natural mesmo se reunir, com seus iguais, para ficarem pronunciando aquelas frases, tão desabonadoras a respeito dos que estão e dos que saíram da ativa: vagabundos! Usa esse termo pejorativo, quando vai conversar com esses trabalhadores e trabalhadoras, como se nada do que eles foram, fizeram, possuem, defendem, importasse!

Não respeita a classe porque não entende o que é trabalho. Consequentemente, não consegue atinar a diferença essencial dos trabalhadores da iniciativa privada e do Serviço Público. Em sua estreiteza mental: "não produziu, não merece ganhar!"

Meu caro, o que pode produzir o Servidor Público legítimo defensor da estabilidade do Estado, responsável pela Saúde da População, da Educação, da Segurança?!

De duas, uma: ou é completamente incompetente ou totalmente "lesado" mentalmente, para entender que a Inciativa privada, mas, principalmente, as funções públicas, são os responsáveis pela manutenção da ordem das coisas e transformar pequenas vilas, em metrópoles como São Paulo! E onde está o erro?! Na gestão do seu partido em relação aos Servidores Públicos em geral, em particular a Classe Policial, totalmente desprestigiada nesse Estado e nessa capital!